AF309055

LETTRES

A

UN JEUNE ARTISTE

PEINTRE,

Pensionnaire à l'Académie Royale de France à Rome.

Par M. C.

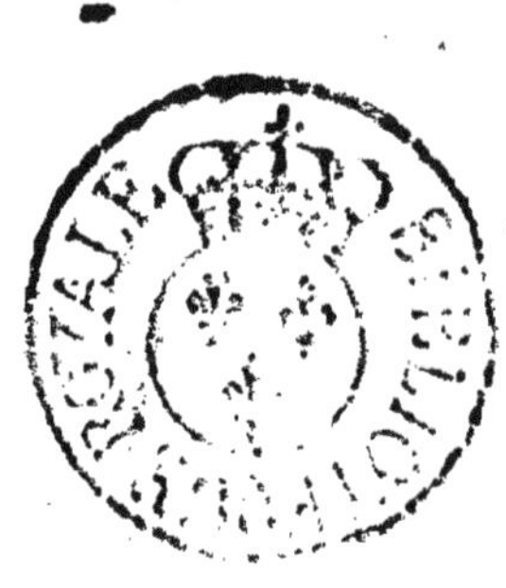

PREMIERE LETTRE.

Vous defirez, mon cher ami, que je vous expofe mes idées fur les études qu'on doit faire à Rome, pour profiter du féjour accordé aux Penfionnaires du Roi. Je ferai volontiers mon poffible pour vous fatisfaire; cela m'eft cependant d'autant plus difficile, que vingt-quatre années fe font écoulées depuis le féjour de huit mois que j'ai fait dans cette ville : féjour trop court pour la quantité d'objets dignes d'un examen réfléchi qu'elle renferme; c'eft pourquoi je me bornerai à des réflexions générales.

Il n'eft pas befoin que je vous recommande l'étude de l'antique & celle de Raphaël, le cri général de toute l'Europe vous y détermine néceffairement ; c'eſt la ſource du vrai ſavoir, du grand & du noble dans tous nos arts. Cependant je vous parlerai avec la franchiſe de l'amitié, duſſai-je m'attirer les reproches d'un monde d'Amateurs ; j'oſerai vous dire qu'il faut apporter une ſorte de ſobriété à cette étude ; qu'il faut la faire avec la réflexion qu'inſpire la raiſon, ſavoir n'y admirer que ce qui eſt vraiment beau & conforme à la nature vue ſous les plus belles formes : enfin, ſavoir en extraire ce qui eſt maniere.

Je n'ai pas beſoin de vous expliquer ce que j'entends par maniere ; ce n'eſt pas la maniere de faire, il y en a de très-belles qu'il eſt bon d'imiter. Ce que je blâme ſous ce nom, c'eſt tout ce qui n'eſt point conforme à la nature, & que certains Maîtres y ont ajouté d'outré & de chargé, ſoit dans les formes, ſoit dans les mouvemens, ſoit dans les effets.

J'oſerai vous dire qu'il y a quelquefois de la maniere dans les antiques mê-

me. Cependant elle conſerve un avantage ſur les autres ; c'eſt qu'elle tend
toujours au ſimple & au grand. Il y en
a peu dans les figures nues ; c'eſt pourquoi, en général, on ne peut les copier
avec trop d'exactitude ; leur ſavoir eſt
ſi profond, & leurs formes ſi grandes
& d'un ſi beau choix, qu'ils ne peuvent conduire qu'à la nobleſſe & à la
correction. Mais on ne peut ſe refuſer
à convenir qu'il y a ſouvent de la maniere dans leur façon de draper. Cette
multitude de petits plis qui ne naiſſent
point les uns des autres, & qui ne ſont
que comme des canaux, n'eſt point à
imiter ſans examen. Il faut ſavoir les
voir & s'en ſervir, comme a fait M.
le Gros, dans cette belle figure que
nous avons aux Tuileries.

Quelques-uns, à force de vouloir
ſuivre l'antique, commettent des erreurs groſſieres, qu'ils paroiſſent avoir
puiſées dans une imitation mal réflé-
chie. On les voit dans une figure de

A iij

femme employer une furabondance
de petits plis dans la partie qui eft au-
deſſus de la ceinture, & au-deſſous on
ne retrouve plus la fuite de ces mêmes
plis; il femble que ce ne foit plus le
même vêtement. D'autres croient devoir faire ufage d'une licence qu'on
trouve fouvent dans les bas-reliefs;
c'eft encore dans les figures de femmes.
On y voit aſſez fréquemment, par exemple, une cuiſſe & une jambe drapées
de telle maniere que pour bien faire
voir le nud, l'étoffe eft liſſe & unie fur
la rondeur depuis le haut jufqu'en bas;
cependant cette même étoffe qui, par
fuppofition, peut avoir une aune de
longueur, produit fur les côtés des plis
volans, qui naiſſent de rien, & qui,
s'ils étoient développés, donneroient
quatre ou cinq aunes d'étendue. Il eft
évident que cela eft impoffible dans la
nature: donc cette maniere, quoique
très-ufitée chez les antiques, eft une
déraifon à éviter, quelque féduction

qu'elle préfente. Je me contente de cet exemple, pour vous faire voir qu'il faut raifonner tout ce qu'on fait, & rejetter ce qu'il y a de défectueux dans les ouvrages même les plus refpectables.

En étudiant Raphaël, vous appercevrez une chofe qui pourra vous furprendre, & qui fait bien l'éloge de ce grand homme. Quelqu'attention que vous apportiez à le copier avec exactitude, vous ne pourrez jamais arriver à le rendre avec une juftelle parfaite. Vous fentirez toujours que vous n'avez pas véritablement faifi le fimple & le noble de fes contours & de fes formes, & que vous êtes refté au-deffous. Il eft l'égal de la nature à cet égard; on n'eft fatisfait de ce qu'on a copié d'après elle & d'après lui, que lorfque l'original eft abfent.

Il ne faut étudier ce Maître qu'avec le crayon; fa couleur & fa maniere de peindre, n'ont rien de fort inftructif,

& peuvent même être dangereufes. Beaucoup d'autres Maîtres ont depuis amené des façons de peindre plus larges, plus moëlleufes, & un fentiment dans l'exécution beaucoup plus intéreffant; conféquemment il n'eft point néceffaire de le copier avec le pinceau, ni même avec le paftel.

Je vous exhorte à deffiner avec le plus grand foin les belles têtes des Anges de l'Heliodore battu de verges; mais je ne vois pas pourquoi beaucoup d'Eleves fe font arrêtés à deffiner la tête d'Heliodore. Elle n'a rien de particulier ni dans le choix, ni dans l'expreffion, qui eft forte, à la vérité, mais qui n'eft point une expreffion difficile. L'école d'Athênes, la difpute du Saint-Sacrement, & quantité d'autres morceaux, vous préfenteront ún grand nombre de belles têtes; il faut toûjo préférer celles qui ont de la nobleffe & de la grace, à celles qui n'offrent que des expreffions violentes & fouvent forcées. Je ne sais pas pourquoi beaucoup de personnes se sont attachées à une certaine tête de femme, vue de demi-profil, qui porte un vase. Elle est, je crois, dans l'incendie *del Borgo*. Cette tête est belle, d'un grand caractere ; mais on n'en peut pas retirer beaucoup d'instruction : ces sortes de profils à grands traits sont plutôt des caracteres de beaux jeunes hommes, que de belles femmes.

Il y a de belles têtes dans la bataille de Constantin. Mais à quoi sert (comme font plusieurs) de dessiner des études des têtes de chevaux de ce tableau ? N'est-il pas visible qu'elles sont manierées, & qu'elles ne ressemblent pas véritablement à cet animal? On apprendroit beaucoup davantage en employant ce même tems à dessiner une tête de cheval d'après nature.

D'autres Etudians se sont occupés, pendant des intervalles de tems considérables, à dessiner, grand comme le

tableau, d'après Raphaël, des grouppes
en er avec les draperies. Cette étude
est sans doute bonne à quelques égards,
& il y a chez Raphaël certaines parties
d draperies bien rendues qui sont excel-
lentes à imiter; mais il faut bien choi-
sir, & n'y pas sacrifier trop de son tems.
De si grands desseins en consomment
beaucoup, dont la plus grande partie
se passe à ne faire que manier le crayon.
Lorsqu'on considere le peu de tems
qu'un Peintre a à rester à Rome, en
comparaison de la somme effrayante
d'études qu'il a à y faire, je crois qu'on
doit lui conseiller d'en être très-éco-
nome, & de se fournir d'abord du
plus nécessaire.

D'ailleurs, qu'il me soit permis de
le dire, ni les mains, ni les pieds, ni
même les membres dessinés par Raphaël, le plus souvent ne sont pas sans
maniere, sont chargés & présentent
peu de vérités de nature : ce n'est donc
pas ce qu'il faut étudier avec le plus de

Je ne vous parle point de Michel-Ange *Buonarotti*, comme Peintre, ni comme l'objet d'une étude fort utile aux Peintres. Ce n'est pas qu'il ne soit très-savant, & qu'on n'en puisse tirer parti par un grand de maniere, & pour ces figures fictives d'Hercule ou de Géans, qu'on est quelquefois dans le cas de représenter : mais cette maniere est si outrée & chargée avec tant d'excès, que ceux qui l'étudieroient trop, courroient le risque de tomber dans un goût tout-à-fait barbare. On en voit des exemples, moins cependant chez les François, qui inclinent volontiers vers les graces, que chez les Anglois & les Allemands, dont en général le goût tend à l'âpreté.

Raphael est sans doute l'aliment le plus solide à préfenter aux Eleves. Mais, comme je vous l'ai dit, je crois qu'il ne faut pas en faire son unique nourriture. Je pourrois citer plusieurs Peintres qui, pour n'avoir étudié que

foin. Mais ce qu'il ne fau t négliger, c'eſt de prendre des croquis ſaiſis avec eſprit, de la ſoupleſſe & de la grace de ſes figures, auſſi bien que de ſes draperies. On peut s'en rapporter aux eſtampes gravées d'après ce Maître ſur la compoſition générale de ſes tableaux; mais il en faut deſſiner ſoi-même rapidement l'enſemble, l'eſprit & le beau jet des plis, afin que ces choſes reſtent pour jamais dans la mémoire, & nous ſervent d'inſpiration. Il faudroit même étudier par des deſſeins finis, mais d'une grandeur médiocre, quelques-unes de ſes figures drapées, telle que certain vieillard qui eſt au bas du tableau de la Transfiguration. Ce Maître exécutoit ſes draperies & formoit ſes plis d'une maniere rendue, qui eſt admirable & excellente à imiter. Je recommande ſeulement d'apporter de la précaution & du choix dans cette étude, & n'y pas conſommer trop de tems.

A vj

lui, se font fait des manieres chargées, sans graces, & qui ont quelque chose de barbare. La preuve qu'on peut courir ce danger par une étude uniquement bornée à ce Maître; c'est la maniere qu'on voit régner chez presque tous ses Eleves. Malgré le secours de ses conseils & de ses exemples, la plupart sont tombés dans la bizarrerie; leurs contours ont du grand, mais ce sont des membres tortueux; de gros muscles qui, à la vérité, sont bien à leur place & dans leur action, mais outrés, & sans les adoucissemens que la peau y apporte; de gros mollets aux jambes, & des chevilles de pied excessivement resserrées. Tout cela est de la maniere; elle est belle si l'on veut, & fondée sur des principes généraux qu'on ne doit pas perdre de vue : mais il n'est pas moins vrai que c'est passer le but, qui est toujours de se rapprocher de la vérité & de la nature, & d'y chercher seulement les beautés dont elle est susceptible.

Le Dominiquin préfente moins de danger, & n'offre guère moins de beautés, quoique également auftere; c'eft un Deffinateur favant, févere & rarement chargé, ou du moins avec plus de retenue. Il faut donc deffiner beaucoup d'après lui, & y chercher fur-tout les têtes qui joignent la beauté avec les graces : telles font celles de la Sainte-Cecile à Saint-Louis des Fran-çois, & quelques autres. Lorfque vous pafferez à Bologne, s'il vous eft poffi-ble, deffinez les têtes du tableau de Sainte-Agnès, & prefque toutes celles d'un autre tableau dans cette même ville, dont le fujet eft, je crois, la dévotion au Saint-Suaire. C'eft un fond d'études effentiel pour toute la vie. Ce Tableau eft confus & fait peu d'effet ; mais il eft rempli de beautés de détail ineftimables. On voit auffi à Naples de, belles chofes de ce Maître ; malheureu-fement elles font exécutées d'une ma-niere feche, qui eft tout-à-fait à éviter.

C'eſt pourquoi je dis encore, comme à Raphaël, qu'en général il ne faut copier ce Maître qu'avec le crayon, & rarement avec le pinceau.

Sans ſortir de Rome, il préſente les plus grands exemples. L'admirable tableau de *San - Gregorio* offre une ſource de beautés & d'étude. Celui qui eſt aux Chartreux n'eſt pas moins utile à conſulter. Ses tableaux à *Saint-André della Valle*, & beaucoup d'autres morceaux, méritent toute l'attention d'un Artiſte ſtudieux. Son tableau de la communion de Saint-Jerôme, eſtimé un des chefs-d'œuvre de l'Italie, préſente en effet un moëlleux de pinceau qui eſt rare chez lui. Obſervez-y encore une choſe qui m'a paru digne d'attention; c'eſt que les têtes y ſont achevées preſque comme des portraits, & cependant d'une maniere grande; ce qui prouve que la grandeur & la largeur de la maniere n'exclut pas le fini. Au contraire même, tous les ouvrages vraiment beaux, & généralement estimés, sont très-rendus. Ce n'est pas qu'il n'y ait des Maîtres excellens dont le faire semble être moins recherché, & où il paroît moins d'assujettissement & de soins visibles; mais ils ne sont pas moins faits; seulement l'art y cache la peine; ce sont des laissés savans qui n'empêchent point que les objets n'aient toute la rondeur & toute la variété de demi - teintes dont ils sont susceptibles. Ce qui produit un ouvrage fait, n'est pas ce fondu de pinceau froid, & qui est la ressource des Peintres médiocres, c'est que tout ce qui y doit être y soit. Aussi n'est-ce pas en employant seulement deux ou trois tons généraux, suffisans peut-être pour un effet de distance, mais qui ne soutiennent point l'examen des yeux éclairés, qu'on parvient à faire des ouvrages dignes d'être admirés de la postérité.

De tous les grands Maîtres, celui

qu'on paroît étudier le moins, est celui que, selon moi, on devroit étudier le plus. Je parle du Guide, le Peintre de la beauté & des graces, celui qui a le plus réuni des parties de l'art infini de la peinture.

Tous nos jeunes Poëtes veulent être des Corneille, aucun ne veut être un Racine : cependant il n'en résulte chez plusieurs qu'une boursouflure de style & un faux sublime. De même nos Peintres semblent, pour la plupart, vouloir être des Raphaël, des Dominiquin, des Carraches, nul ne se propose d'être un Guide. Delà, par une imitation manquée, des formes chargées, un prétendu grand qui ne tient plus à la nature, nulle grace, nulle beauté naïve.

Si l'on examine le Guide, sans prévention, on trouvera cet aimable Peintre, grand, excellent, & par-tout rempli de graces. Il est sans doute essentiel d'étudier plusieurs des beaux

caracteres des Raphaël & des Dominiquin, j'en demeure d'accord; j'obferverai feulement qu'il y en a beaucoup
qui n'offrent pour tout agrément qu'un
certain grand, qu'à la vérité il eft bon
de s'imprimer dans la mémoire, pour
éviter de tomber dans une maniere
mefquine & tendante plus au joli
qu'au beau, vers laquelle les François
n'inclinent que trop. Mais on ne peut
difconvenir en même-tems que fouvent dans ces caracteres favans, fi ce
font des femmes, elles manquent des
graces propres à leur fexe, ont quelque
chofe d'hommaffe, & font telles enfin
que perfonne n'en defireroit une pa-
reille. Chez le Guide, au contraire,
tout devient fufceptible de graces.
Toutes les têtes, vieillards, hommes
faits, adolefcens, enfans, femmes
âgées, jeunes femmes, jeunes filles,
toutes enfin font de la plus grande
beauté, felon le caractere qu'il a été
queftion de repréfenter; toutes pré-

fentent une nature poffible & vraie,
mais embellie du beau & du plus agréable choix.

Un Peintre ne doit-il pas chercher
à plaire à tous ? Ne doit-il pas même
particuliérement penfer à ce qui plaît
dans le pays où il compte s'établir,
fur-tout lorfque ce pays a de la célébrité par fon goût délicat en toutes
chofes? Ce qui eft le plus rare chez
nos Peintres, & le plus defiré en
France, c'eft la beauté des têtes de
femmes & la grace en toutes chofes.
Où en trouvera-t-on de plus parfaits
modeles que chez le Guide? S'il eft
vrai que la beauté foit plus rare dans
notre pays que dans la Grece & dans
l'Italie, cherchons à nous imprimer
dans l'efprit la beauté & les graces des
Nations qui font plus favorifées de la
nature à cet égard. Nous voyons cependant fouvent chez nous de jeunes
perfonnes affez proches de la beauté,
pour préfenter les plus belles têtes, en

y rectifiant quelques légeres irrégularités. Quel autre Maître que le Guide
peut nous apprendre à conferver ce
caractere particulier, cette vérité, &
les graces de la nature, en les rapprochant des formes régulieres du beau?
On trouve dans fes ouvrages des têtes
de jeunes filles charmantes, variées,
& non pas jettées exactement dans le
moule convenu de la beauté : on reconnoît par-tout la nature, ce font
prefque des portraits, & néanmoins
l'on eft forcé de convenir qu'on ne
voit prefque jamais de perfonnes auffi
belles qu'il les a faites.

Je ne balance donc pas à avancer
que s'il faut copier quelques têtes des
autres Maîtres, il faut copier, fans
exception, toutes celles du Guide : &
non-feulement fes têtes, mais toutes
les parties de fes figures, mains, genoux, pieds, &c. Qui jamais a fait de
plus beaux pieds, foit de jeunes filles,
foit de jeunes hommes, foit de vieil

lards ? Qui a mieux drapé & mieux
exécuté les plis délicats des draperies ?
Enfin, je fuis convaincu que ce Maître, étudié avec fentiment, fuffit pour
former un grand Peintre.

Oferai-je aller plus loin encore, &
avancer un fentiment qui paffera pour
une héréfie intolérable ? Nous van-
tons, avec raifon, le Saint-Michel de
Raphaël, la tête en eft admirable.
Mais en quoi le S. Michel du Guide
lui cede-t-il ? La tête n'eft-elle pas
de la plus grande beauté ? Non-feulement elle eft au-deffus de l'homme,
mais c'eft le plus beau des Anges. Quant
au refte de la figure, celle du Guide
n'eft-elle pas fupérieure, foit par l'élégance développée de l'attitude, foit
par la proportion impofante ? Enfin,
les jambes d'un caractere commun &
mufclé de celui de Raphaël appro-
chent-elles de l'élégance, du coulant
& des graces de celles de l'Ange du
Guide ? Si l'on ne veut pas permettre

que le Guide foit comparé à Raphaël, même quand il le furpaffe, qu'on nous accorde du moins que ce Maître enfeigne auffi-bien & plus agréablement.

Il ne faut pas fe contenter de le copier au crayon; il eft extrêmement utile de l'imiter avec le pinceau. Sa couleur & fon faire font d'une beauté & d'une fraîcheur qui ne peut que conduire à bien. Les Amateurs enthoufiaftes de l'école Flamande le croient gris. Mais quelle beauté, quelle fraîcheur dans ce prétendu gris! Qui mieux que lui a traité les ombres tendres de la chair? Et combien de ton vermeils adroitement placés relevent ce ton doux, tendre, & fi l'on veut grisâtre?

Le coup-d'œil général de la nature n'eft-il pas le plus fouvent cet argentin? & dira-t-on que Teniers eft gris? Les plus grands Coloriftes, le Titien, le Correge & Rubens même, en Italie & en Flandre, auffi-bien que Wandick, n'ont-ils pas multiplié ces ombres argentines ? Si nous voyons dans la galerie du Luxembourg quelques figures tirantes fur le rouge & le roufsâtre, obfervons que ce n'eft que dans les figures fictives de Tritons, de furies, &c. Dans les figures de jeunes femmes & de jeunes hommes, il a employé ces tons argentins, grifâtres fans être terreux, qui font le vrai ton de la chair.

Je conclus que l'imitation du Guide avec choix, ne peut jamais être nuifible. Il faut pourtant diftinguer dans ce Maître divers tems. Ses premiers ouvrages ont des ombres très-fortes, à-peu-près comme le *Guercino* ; enfuite a fuccédé cette manière claire, agréable, remplie de grace & de fraîcheur : enfin, dans fes derniers tems, il a dégénéré du côté de la couleur, & eft tombé dans des tons verdâtres, qu'il faut bien fe garder d'imiter. Alors il ne faut le copier qu'avec le crayon ; car il a toujours parfaitement deſſiné. Sachez encore diſtinguer les copies du Sementi, & d'autres qu'on donne pour des Guide; vous les reconnoîtrez à ce que les tons gris y ſont outrés, & le faire en eſt moins facile & moins ſpirituel.

La Fontaine, dans une de ſes fables, raconte que Jupiter ayant un fils, chaque divinité voulut ſe charger de le former dans la vertu qui lui étoit propre; Minerve vouloit lui enſeigner la prudence, Hercule le courage, &c. l'Amour dit qu'il lui apprendroit tout. En effet, ajoute la Fontaine, *de quoi ne vient à bout l'eſprit, joint au déſir de plaire?* J'en dis de même du Guide. Que n'enſeignera point celui qui joint au ſavoir la grace dans tous les genres?

Je ſuis, &c.

SECONDE

SECONDE LETTRE.

J'AI remis, mon cher ami, à cette lettre, à m'entretenir avec vous d'un excellent Maître, éleve aussi de la fameuse école des Caraches, c'est le *Guercino*. Vous admirerez le caractere & la fierté des idées & du faire de ce grand Peintre, aussi-bien que la hardiesse & la vigueur de son coloris. Il semble avoir quelquefois réuni les qualités qui distinguent deux des plus grands Peintres de notre école Françoise, la couleur *de la Fosse* & le caractere de dessein de *Jouvenet*. Il y a beaucoup de choses à étudier chez lui, moins en le copiant qu'en réfléchissant sur ses productions. Il est propre à échauffer le génie & à inspirer. On lui trouve, outre ce beau faire, de beaux caracteres de tête pris dans la nature, rendus grandement, qui lui sont particu-

B

liers, & qu'il eſt bon de remporter dans ſon porte-feuille : car je vous exhorte fort à copier, ne fût-ce qu'en croquis, tout ce qui vous frappera en beauté & en grace. Ce ſont des études qu'il eſt eſſentiel de conſerver tou-jours. Nous paſſons le reſte de notre vie éloignés de ces grands Maîtres. Il faut nous réſerver des moyens de nous rappeller leurs rares talens; & il eſt certain que nous nous ſouvenons mieux par les deſſeins que nous avons faits nous-mêmes, que par ceux d'autrui.

Je ne remarquerai qu'en paſſant, comme choſe de peu de conſéquence, ſes têtes de Chriſt, qui ont de la beau-té, mais ſont toujours déparées par une coëffure ignoble de cheveux crêpés; on ne conçoit pas pourquoi il a eu cette fantaiſie : car on lui voit de la nobleſſe preſque par-tout ailleurs. Au reſte, quoiqu'il ait auſſi eu pluſieurs tems; & que ſes derniers ouvrages ſoient moins beaux, on lui voit cependant toujours une belle vigueur de coloris.

Je joindrai ici quelques réflexions que j'ai déja faites ailleurs, mais qui peuvent vous avoir échappé. Ce Maître faisoit ses ombres très-brunes (excepté dans ses derniers tems qui ne sont pas les meilleurs), & même en faisant abstraction de ce que le tems peut y avoir ajouté d'obscurcissement, il semble qu'on puisse lui reprocher qu'elles sont quelquefois trop noires; mais lorsqu'il est dans le degré modéré, il en résulte un grand effet par la suppression de quantité de petits reflets qui embarassent les masses d'ombres, & leur ôtent cette sourdité qui les distingue sensiblement des lumieres; d'où s'ensuit un effet décidé d'une distance convenable.

Il a été un tems où l'on ne faisoit pas assez attention au jeu des lumietes de reflet; mais peut-être depuis les a-t-on trop observées, ce qui peut produire des tableaux foibles. C'est

même un des défauts à la mode; &
nous appercevons souvent, chez les
jeunes gens sur-tout, des reflets aussi
brillans & aussi beaux de couleur que
les demi-teintes; c'est une maniere
qu'ils prennent les uns des autres, &
qu'ils appellent beauté de coloris. Mais
cela ne se trouve point dans la nature,
& particuliérement lorsqu'elle est vue
de la distance qu'on suppose toujours
à son tableau. Toute lumiere renvoyée
par un objet, a perdu la plus grande
partie de son éclat; ainsi elle ne peut
produire de tons ni aussi beaux, ni
aussi lumineux que la lumiere directe.

Pour bien observer la magie des
tons d'ombres du *Guercino*, il la faut
moins considérer dans ses tableaux à
l'huile, que le tems a noircis, & où
elles sont devenues trop brunes, que
dans les fresques qu'il a peintes. C'est-
là qu'elles se trouvent au degré le plus
piquant & le plus heureux. On voit à
la Villa Ludovisi, un plafond de l'Au-

rore peint par lui, qui eſt le plus fier morceau qu'aucun Peintre ait jamais fait dans ce genre de peinture. Il y a auſſi un ſujet de l'Aurore, (*Plaſnd*) par le Guide ; mais quoiqu'admirable par d'autres détails fins & précieux, il eſt beaucoup plus foible d'effet & de coloris : d'où je conclurai que les ombres du Guerchin dans leur fraîcheur, devoient être très-belles & magiques. Il faut donc les obſerver avec attention dans les tableaux de ſon bon tems, qui ne ſont point trop gâtés.

Je ne quitterai point le *Guercino*, ſans vous entretenir d'une beauté qu'on trouve dans ce Maître & dans quelques autres. C'eſt le moëlleux du pinceau, & une certaine incertitude dans le tracé des contours, lorſqu'on les regarde de près, qui, de diſtance, n'empêche point la déciſion des formes. Il faut que vous obſerviez avec attention cette magie ; les Italiens appellent cette façon moëlleuſe de peindre *sfumato*, ce qu'on traduiroit mal par le mot *enfumé*, comme font quelques per- sonnes. Il paroît même que plusieurs Peintres Italiens modernes l'on pris dans ce sens par l'excès auquel ils ont porté cette maniere. Dans l'idée de peindre *sfumato*, ils ont fait des ta- bleaux qu'il semble qu'on voit au tra- vers d'un brouillard. Cette mauvaise imitation cependant trouve des admi- rateurs ; car il n'y a point d'absurdité échappée à un Artiste, qui ne trouve aussi-tôt quelque demi-connoisseur qui la célebre.

Chez le Guercino, ce n'est point cela; ses masses & ses formes sont décidées, & le *sfumato*, si on peut l'appeller ainsi, ne se trouve que dans le large du pinceau & de la maniere. Jamais le contour du côté de la lumiere n'est sechement nettoyé ; les reflets du côté de l'ombre ne sont point sur le bord du contour, & la touche ou ombre vigoureuse qui y est opposée & les fait fortir en reflet, ne touché point au contour : elle en eſt à quelque diſtance dans la maſſe de l'ombre forte qui eſt à côté. Ces détails pourront ſembler minutieux ; mais tout eſt à conſidérer chez les grands hommes, & ſur-tout lorſqu'il eſt queſtion de ſe former une maniere de peindre qui puiſſe mériter des éloges. Il ſera bon encore de re-marquer comment ce grand Peintre a rompu ſes ombres ; on voit ſa magie plus diſtinctement dans ſon plafond de l'aurore, dont je vous ai parlé. D'ail-leurs, nous raiſonnerons encore ſur cet objet à l'occaſion de quelques autres grands Maîtres.

Je viens à un Maître charmant ; qu'on a vainement tâché de décrier, le fameux *Pietro da Cortona*. Il en eſt de lui comme de ces femmes dont on connoît tous les défauts, & qu'on ne peut s'empêcher d'aimer. Nos ama-teurs rigoriſtes, tels que feu M. le Comte de Caylus, nous ont aſſuré que te Maître & son Ec_ole avoient perdu la peinture ; mais cela n'est pas aussi exactement vrai qu'ils l'ont voulu croire. Il en est de ce sentiment comme de celui des personnes qui prétendent que les rares talens de M. *Boucher* ont perdu l'école Françoise. Cela est si peu vrai, qu'il n'y a aucun de nos bons Peintres actuels qui tienne en rien de ce que M. Boucher pouvoit avoir de maniere dans son dessein & dans sa couleur. Il n'est donc pas vrai que son exemple ait influé ; il n'en est resté, en lui rendant la justice qui lui est due, que le desir de traiter la nature avec autant de grace, mais sans sa maniere, & ce desir est essentiel à conserver. Son dessein, & sur-tout sa couleur, avoient souvent de la maniere, quelque chose de fardé, & qui tenoit trop de l'éventail ; mais cela n'empêchoit pas qu'il ne fût vraiment coloriste, & qu'il ne sût souvent employer des tons, frais, vrais, aimables & variés, plus même encore que le fameux

Carle Vanloo, dont, avec raison, on admiroit la fierté du coloris: M. Boucher étoit plus fin & plus précieux coloriste. Ce que je dis ici paroîtroit singulier à bien des gens, mais je me souviens que je parle à un Peintre, qui doit m'entendre, & y avoir regardé avec plus d'attention que le commun.

Je reviens à *Pietro da Cortona*, génie abondant, Peintre facile, large & rempli de grace. Ce coloriste aimable semble avoir amené une maniere plus facile dans la peinture; mais on prétend que cette facilité & ces graces sont ennemies d'une étude sévere. Sans doute un Eleve qui n'auroit étudié que ce Maître pourroit n'en prendre que la maniere, & en imiter jusqu'aux incorrections. Mais celui qui est déja instruit, qui a long-tems étudié la nature sévérement, & avec exactitude, n'apperçoit-il pas bien les licences de ce Maître charmant? Il doit savoir n'en imiter que le pinceau agréable, cette couleur & cette harmonie enchanterefles, ce faire moëlleux & facile.

Hé quoi! la peinture n'eft-elle donc pas faite pour plaire? Et doit-elle avoir pour but de nous effrayer, ainfi que font ces caracteres de têtes auftcres, & même barbares, & ces manieres chargées & outrées, qu'enfeignoient les premiers Peintres de l'école Italienne? N'étoit-il pas tems qu'un Peintre aimable vînt adoucir ce que cet art avoit de trop farouche? moins beau, moins pur que le Guide, Pietro da Cortana femble avoir fur lui l'avantage qu'ont fouvent des perfonnes qui ne font que jolies, fur d'autres plus réguliérement belles, mais moins attrayantes.

Perfonne n'a agencé une compofition avec plus de génie, de grace & de foupleffe. Ses draperies volantes font un peu licencieufes; il eft fi peu de cas où les actions des figures puifsent être assez animées pour que les draperies acquierent de ces mouve-mens momentanés, qu'il faut éviter sa maniere de draper, & s'en tenir en général, pour le fond, à la maniere des antiques, rendue plus naturelle par Raphael, par les Caraches & par le Guide. Mais il faut bien s'imprimer dans la mémoire les graces de la couleur & du faire de *Pietro da Cortona*. Ces belles ombres argentines de la chair, & ce sentiment de volupté qui regne dans tous ses ouvrages; ses têtes de femmes ne sont pas la vraie beauté, comme celles du Guide, mais elles sont charmantes : ce sont des phisionomies un peu irrégulieres, qui néanmoins font naître le desir. On peut lui reprocher, à la différence du Guide, qu'elles se ressemblent trop; que c'est presque toujours la même forme de visage, dont les traits s'étendent en quelque maniere sur la largeur : néanmoins je vous conseille de remporter

B vj.

dans votre porte-feuille plusieurs têtes d'après ce Maître ; c'est une des sortes de natures variées qui plaisent & qui peuvent orner un tableau.

Solimeni, dans ses commencemens, sut très-bien tirer avantage de l'imitation de *Pietro da Cortona*. La sacristie de Saint Paul à Naples, qu'on peut regarder comme le chef-d'œuvre de *Solimeni*, se ressent par-tout de l'étude qu'il avoit faite des plus agréables Maîtres de l'Italie ; les figures en sont plus correctement dessinées que *Pietro da Cortona*. Les draperies en sont mieux exécutées, & de plis où l'on retrouve mieux le naturel ; la couleur a plus de vivacité : néanmoins on reconnoît par-tout l'étude de *Pietro da Cortona*. Les tableaux de cette sacristie sont d'autant plus beaux, que *Solimeni* n'étoit pas encore tombé dans cette maniere défectueuse de tons bleuâtres, qui depuis a déparé quantité de ses ouvrages, remplis de mérite à d'autres égards.

mais dont on ne peut supporter l'effet faux.

Il est encore d'autres Maîtres chez qui l'on peut prendre des leçons utiles. Vous verrez de belles choses de Michel-Ange, de Caravage, mais avec des ombres dures & noires. Il y a cependant un goût de composition pittoresque & singulier, un vrai de nature piquant, un faire large & facile, des détails rendus avec sûreté, d'une maniere grande & seulement trop dure. Si les tableaux qui sont à *San Pietra in montorio* étoient de lui, comme beaucoup le croient à Rome, il faudroit les excepter; on n'a point à leur reprocher cette dureté; au contraire, ils sont de la plus belle couleur & du plus beau faire: on y blâmeroit seulement l'incorrection du dessein & un choix de nature ignoble. Mais des gens instruits attribuent ces tableaux à *Francesco Stellaert*, Peintre Flamand. En effet, ils sont moins bien dessinés

que le Caravage, mais mieux peints &
de meilleure couleur. Au reste, le
Peintre doit imiter l'abeille, qui com-
pose son miel de toutes les fleurs,
même des fleurs sauvages.

Vous aimerez dans le Valentin une
vigueur de couleur, une saillie & un
arrondissement dans les objets, causés
par des demi-teintes très-colorées, des
vérités de détail fièrement rendues;
mais vous y verrez presque par-tout
la nature la plus ignoble, & souvent
dans les sujets qui demandoient le
plus de noblesse.

Le Poussin vous offrira à S. Pierre,
& dans quelques cabinets, des beautés, sages, correctes, & une belle noblesse de composition. Il faut sans
doute l'admirer; mais il ne seroit pas
l'objet convenable d'une étude trop
suivie pour quelqu'un qui inclineroit
vers la froideur. Je vous ferai, dans la
suite, quelques observations sur les
différens genres de composition que

vous appercevrez dans les Maîtres d'Italie.

Ne négligeons pas un Maître dont on voit peu de tableaux à Rome, mais où l'on peut trouver une instruction très-utile; je veux parler d'*Andrea Sachi*. Ce Maître frais & agréable de couleur & de maniere, a supérieurement entendu l'art de rompre & d'accorder ses ombres pour faire un tableau harmonieux. C'est un charme bien intéressant dans un tableau que l'harmonie. Les grands coloristes, le Titien, P. Veronese, Rubens, &c. ont tous cette partie triomphante. Dans quelques-uns cette magie est plus difficile à appercevoir. Examinez avec réflexion les tableaux d'*Andrea Sachi*, & de *Luca Giordano*; ce sont ceux qui la décelent le plus clairement.

Vous y verrez un ton général d'ombre en quelque sorte le même, mais plus ou moins visible, selon le degré de force de ces ombres. Vous y verrez que le ton qui fait les ombres fortes d'unedraperie blanche, eſt le même que celui qui fait les ombres fortes d'une draperie bleue, d'une draperie rouge, &c. Je ne parle pas de la partie ombrée qui reçoit des reflets, dès qu'il peut y arriver des lumieres, quoiqu'elles ne ſoient que de reflet; ces ombres reflectées reprennent en partie leur couleur propre; mais les enfoncemens entiérement privés ſont les mêmes, quelles que ſoient les couleurs des objets.

Cette magie, clairement expliquée par ces Maîtres, vous mettra à portée de la reconnoître, quoique moins ſenſible dans tous les tableaux des autres, dont l'accord vous paroîtra agréable & harmonieux. Delà vous appercevrez que ce principe a été connu de preſque tous les Peintres qu'on peut appeller Peintres; car je ne parle pas de ceux qui ne ſont que deſſinateurs.

Cet examen vous conduira à remarquer combien d'autres Peintres ne ſe ſont pas ſeulement doutés de cet effet de la nature, qui, bien connu, ajoute tant à l'art. Sur-tout dans la plupart des fresques dont l'Italie est remplie, vous verrez souvent une draperie bleue ou rouge ombrée tout bonnement avec le même bleu ou le même rouge, où seulement il est entré moins de blanc, mais sans aucune rupture ni mélange d'autre couleur qui puffent salir & rompre ce bleu ou ce rouge ; ils n'ont point connu cette espece de secret de la peinture ; mais ce système d'harmonie a été habilement employé par tous ceux qui se font rendus célebres & qu'on vante comme coloristes, & particuliérement par les Vénitiens.

En observant ce principe essentiel, vous verrez en même-tems les erreurs dans lesquelles quelques-uns font tombés, faute d'avoir bien choisi le véritable ton qui doit rompre toutes les ombres. Vous verrez *P. Veronese* leur donner quelquefois un ton trop violâtre ; *Solimeni* un ton trop bleuâtre,

Baccicio un ton trop jaune, &c. &c. Ce font ces excès qu'il eft néceſſaire d'éviter. Il faut, pour ainſi dire, que ce ton général qui ſert à donner l'uniſſon & à faire chanter tout d'accord, ſoit tellement rompu, qu'on ne puiſſe proprement y donner le nom d'aucune couleur. Souvenez-vous à cet égard des ſages conſeils que vous avez reçus d'un de nos plus excellens Artiſtes, & celui de tous qui entend le mieux la magie de l'accord.

Je viens de parler du *Baccicio*. Ce Maître a dans l'égliſe du Jeſus, & dans celle qui eſt à la place *Navona*, des morceaux qui ſéduiſent, ſur-tout les jeunes gens, par la chaleur du génie dans la compoſition & la facilité du faire. Mais ſi ſa maniere eſt aſſez grande & ſon faire aſſez large, d'autre part ſa couleur eſt pernicieuſe; il y regne par-tout un jaune dominant, qui eſt d'accord, parce qu'il eſt monotonne, mais qui eſt faux & exceſſivement manieré.

Un autre Peintre charmant & infiniment séducteur, mais dont l'imitation expose à des dangers, c'est le *Barocci*. Son coloris est agréable & facile à imiter, mais il est fardé. Ce font des bleuâtres, des violâtres, des aurores, tous tons de la plus grande fraîcheur, mais fort au-delà de ce que la nature préfente à cet égard. Ils tiennent en quelque maniere de ce que la peinture en émail a ordinairement de défectueux. C'est même une des modes modernes de l'Italie, qu'il est essentiel d'éviter, que ces tons fauffement fleuris: nous avons pour but d'imiter la belle nature, mais non pas de la rendre plus belle que Dieu n'a voulu la faire. C'est également manquer le but que de paffer au-delà. *Pompeio Battoni* a un peu trop de ce défaut, & plus encore peut être le fameux M. *Mengo*, dont le mérite rare est digne de la plus haute eftime, mais dont la maniere est contagieufe. Il faut voir ces Artiſtes avec le reſpect qui leur eſt dû; mais en même tems on doit ſavoir ſe garder de ce que leur maniere peut avoir de dangereux.

Sur-tout un Peintre en s'attachant à ſe perfectionner dans le deſſein, qui eſt l'étude qui ſe fait le plus naturelle-ment à Rome, ne doit jamais perdre de vue les coloriſtes Vénitiens. Nous ne ſommes plus dans ces ſiecles où il étoit permis à un Peintre de n'être que grand deſſinateur, ou grand coloriſte. La perſécution qu'exerce maintenant la critique acharnée ſur tous les hom-mes qui ſe diſtinguent, force l'Ar-tiſte à étudier toutes les parties de l'art à la fois. C'eſt peut-être une des cauſes principales de l'eſpece d'affoibliſſe-ment qu'on reproche aux Artiſtes mo-dernes de l'Europe. Il eſt certain que quelque eſtime méritée que nous ayons pour nos plus grands Artiſtes, nous n'oſons les comparer avec les anciens Maîtres; on eſt obligé de leur céder eu quelque partie.

Je puis me tromper ; mais je pense que cela vient de ce qu'on n'ose plus s'abandonner à son génie naturel. Loin de cela, nous nous trouvons forcés de redresser la pente naturelle qu'un Eleve a vers une maniere de sentir ou de voir la nature, lorsque nous entrevoyons que cette façon d'étudier pourra l'empêcher de posséder quelques-unes des parties de l'art, que maintenant on exige toutes-à-la-fois dans le même homme. Nous nous efforçons d'arrêter celui que son génie brûlant mene à un enthousiasme déréglé, & d'échauffer celui dont le génie froid marche à pas lents vers la correction. Il est cependant bien difficile, pour ne pas dire impossible, qu'un homme sache tant de choses, & les sache dans un degré éminent. Delà la médiocrité qui réunit tout, mais foiblement. Que faire cependant ? Cela ne dépend pas de nous. Il faut plaire à son siecle ; & ce siecle malheureusement éclairé (ou qui croit l'être) fournit abondamment de critiques, qui, comme l'a dit M. *Nericault Deſtouches*, rétreciſſent les talens des auteurs.

Il doit vous être venu à Rome une penſée dont j'ai ſouvent été occupé pendant le ſéjour que j'y ai fait ; c'eſt que la peinture dont on nous fait à Paris un phantôme effrayant, vu toutes les qualités qu'on exige dans le pein-tre, paroît conſidérablement moins difficile en Italie, lorſqu'on obſerve toutes les différentes manieres des grands Maîtres, & même les défauts ou l'abſence de beautés qu'on leur par-donnoit ; il ſemble qu'on auroit pu être quelqu'un de ces Maîtres, chacun ſuivant ſon inclination. Si je ne puis être un Guide, diroit-on, je pourrois du moins être un Caravage, ou enfin un Valentin. Si l'on n'exigeoit pas un coloris plus précieux que ſouvent on en voit dans les Maîtres les plus eſti-més, je pourrois me livrer tout entier à l'étude du deffein ; mais ſi je ſuis un Daniel de Volterre, on dira que j'ignore ce que c'eſt que de peindre ; un Pietro da Cortona, on me querellera ſur mes licences ; un P. Veroneze, on s'écriera que je ne ſais pas deſſiner. Apprenons donc tout, ſauf à ne ſavoir de tout qu'un peu. Je le répete, il ne ſert de rien de crier contre ſon ſiecle, il faut ſe ſoumettre & faire le moins mal qu'on pourra.

Il eſt encore beaucoup d'autres Maîtres ſur leſquels je ne m'arrêterai point, pour ne pas être trop long, & auſſi parce que l'habitude de ſcruter ſévérement les premiers Maîtres de l'art, vous éclairera ſur l'appréciation des beautés & des défauts des autres.

Vous admirerez ſouvent *Lanfranco* & ſa hardieſſe grande, mais ſtrapaſſée ; *Carlo Maratti*, grand & large, mais auſſi quelquefois mou & trop incertain dans ſes formes ; vous pourrez tirer le plus grand avantage des Carraches, en ne vous attachant cependant pas à leurs coloris. On voudra vous faire admirer des *Schidone ;* mais en les louant vous remarquerez que ses ouvrages sont beaucoup trop manietés ; vous serez effrayé de la fierté, du grand, du sublime, mêlé de quelque chose de barbare que vous trouverez quelquefois dans *Salvator Roza ;* vous regarderez sur-tout avec la plus grande attention la beauté fine des teintes du Titien, & vous en copierez quelques-uns, s'il vous est possible : vous ne chercherez cependant pas à l'imiter avec excès à l'égard de cette lumiere universelle qui regne souvent dans les chairs de ses figures de Vénus ou de Danaé, où il n'y a presque point d'ombres qui fassent tourner les objets ; vous remettrez à bien sentir la magie étonnante de ce Maître, que vous puissiez voir à Venise son tableau de Saint-Pierre Martir, & plusieurs autres non moins dignes d'admiration ; vous

attendrez

attendrez auffi à accorder au Tinto-
ret l'eſtime qui lui eſt due, que vous
ayez connu la *Schola di ſan Rocco*, auſſi
à Veniſe, car la plupart des tableaux
qu'on trouve de ce Maître dans les
palais de Rome, ſont médiocres ou
même mauvais. Il en eſt preſque de
même de *P. Veroneʒe*, dont on ne
connoît bien les talens qu'à Veniſe,
ſoit à Saint-Sebaſtien, ſoit à Saint-
Zacharie, ſoit à San *Giorgio Magiore*.
Il faut cependant bien examiner ceux,
en petit nombre, qui ſont à Rome,
pour ne point ſe refroidir ſur la couleur, par la vue de tant de Maîtres
qui n'ont point connu cette partie.

Vous remarquerez auſſi avec beaucoup d'attention quelques Rubens qui
ſont dans divers Palais. Ce Maître, en
Italie, n'avoit point encore oſé ſe
livrer à tout ſon enthouſiaſme, ni à
ce que l'on appelle ſa maniere forte.
Il eſt plus gris, & n'en eſt que plus fin
& plus précieux. Quels beaux tons

dans ce prétendu gris! Il sera bon de consulter à Naples *l'Espagnoletto*; on y voit de lui des choses qui sont d'un dessein sûr & du coloris le plus fier & le plus beau. Un autre Maître excellent encore, moins connu à Rome, mais dont vous aurez vu des ouvrages dans d'autres villes d'Italie, c'est le *Preti Genovese*, surnommé *il Capucino*. Ce coloriste est d'une hardiesse qui va jusqu'à la témérité. Il emploie les couleurs les plus tranchantes, les rouges les plus vifs à côté des bleus les plus entiers & des jaunes les plus décidés, & cependant ses tableaux sont d'accord. En les considérant avec attention, vous appercevrez que cet accord ne provient que de la magie des ombres. Ses tons de chair sont d'une hardiesse & d'une fraîcheur singuliere: vous verrez cependant que ce ne sont point des tons factices & hors de la nature, comme dans le *Barocci*, mais des tons vraiment pris chez elle,

& seulement portés un peu plus haut qu'elle ne les préfente. S'il eſt poſſible que ce coloriſte ſoit nuiſible à quel-qu'un qui pencheroit vers une ma-niere outrée, il feroit très-utile à qui-conque inclineroit trop au gris.

Je crois que c'en eſt aſſez pour vous inſpirer une marche précautionnée dans vos études, & pour vous empêcher de vous livrer à l'enthouſiaſme qu'inſpire le goût & l'effet, même maniéré. Eclairez tout avec le flambleau du rai-ſonnement, & ſoyez certain qu'il n'y a de vraiment beau que ce qui eſt con-forme à la nature & au vrai.

TROISIEME LETTRE.

Je vous ai promis des obfervations fur les diverfes manieres de compofer de quelques grands Maîtres. Vous remarquerez chez les trois Caraches, & chez quelques autres, qu'ils aimoient à compofer de figures en petit nombre & grandes dans le tableau ; qu'ils les preffent & les amoncelent en quelque maniere, ce qui les rend très grouppées, & s'entre-foutenant les unes les autres : il femble même qu'ils aient cherché, pour augmenter ce ref-ferrement, à y employer de fréquens raccourcis, qui en effet font tenir plus de chofes dans un petit efpace.

J'avoue que cette maniere riche, & qui a quelque chofe de grand, m'a toujours beaucoup féduit ; cependant je ne difconviens pas qu'elle eft peu ufitée en France. Lorfque quelqu'un la hasarde, les Artistes en sentent le mérite & lui donnent des éloges; mais les critiques disent qu'il n'y a pas d'air entre les grouppes. Les raccourcis d'ailleurs ne plaisent guère au commun des hommes; ils ont peine à les concevoir. C'est cependant une beauté dans l'art, puisqu'enfin la difficulté surmontée y doit être comptée pour quelque chose. Le caractère mâle de cette façon de composer est senti de toutes les personnes qui ont vu l'Italie, & qui ont étudié les arts; mais le Public en général qui ne connoît pas cette difficulté, la compte pour rien.

Ces Maîtres n'ont cependant pas toujours suivi cette méthode; mais toutes les fois que le lieu l'a pu permettre; &, en général, leurs compositions sont toujours fort remplies. Celles de Raphaël sont moins resserrées, sur-tout dans les grands morceaux, comme l'école d'Athènes; mais lorsqu'il a eu peu d'espace, il s'est

fervi avantageufement des raccourcis.
Ses ordonnances ne font pas toujours
richement enchaînées. Dans l'Hélio-
dore battu de verges , il refte un vuide
peu agréable entre le grouppe d'Hélio-
dore & celui du Pape à genoux ; mais
la difpute du Saint-Sacrement, & la
plupart de fes grands morceaux, font
bien liés. C'eft donc un des plus excellens modeles pour la compofition & la
diftribution des figures & des grouppes,
mais non pas toujours pour les moyens
de groupper les lumieres & les ombres, de maniere à produire beaucoup
d'effet.

Pareillement le Pouffin a compofé
de figures du plus beau choix ; elles
font liées à quelques égards, c'eft-à-
dire, que les grouppes ne fe féparent
pas entiérement ; mais elles laiffent
beaucoup de trous qui s'oppofent à ce
que les maffes de lumiere & d'ombres
y foient grandes & foutenues ; il feroit
difficile d'en tirer un autre effet que

celui qu'il y a donné, qui, à la vérité, est vrai, mais qui n'a pas cette magie & cet imposant qu'on trouve chez Rubens & chez les autres coloristes; c'est l'effet ingrat des compositions qui n'ont pas été disposées pour cette destination & envisagées sous cet aspect.

Les Vénitiens, en général, composent supérieurement, & sur-tout le Titien. P. *Veroneze* & beaucoup d'autres aiment assez à placer leur horison bas pour avoir du jeu dans leurs compositions, par la variété de grandeur des figures, celles de devant étant toujours dominantes. Il faut pourtant, dans quelques cas, excepter le *Tintoretto*, qui a fait usage d'horisons élevés, ainsi que le *Bassano*; mais ni l'un ni l'autre ne sont des exemples à suivre à cet égard. Les compositions du *Tintoretto* ont souvent quelque chose d'extravagant, par l'excès de mouvement; & celles du *Bassano*, malgré une forte d'enchaînement qu'il y a observé, font presque toujours les mêmes, & avec la même difposition de grouppes.

Le plus beau génie, ce me femble, pour le mouvement, la difpofition & l'enchaînement des grouppes, a été *Pietro da Cortona*. Vous jugerez de fon excellence à cet égard dans fa galerie d'Enée. *Ciro Ferri* fon Eleve l'a bien fuivi dans cette partie. *Luca Giordano*, *le Ricci* & *Solimeni* ont auffi conçu de très-belles machines de compofition. Il faut obferver tous les Maîtres & fe meubler le génie de leurs divers agencemens.

Je ne veux pas omettre un genre de compofition fingulier, fi toutefois on peut appeller compofition une dif-pofition de figures & de grouppes fi fimple, fi naturelle, & qui paroît fi dénuée d'art, qu'on en trouveroit de pareilles dans quelque lieu où le ha-fard fît entrer. Telles font plufieurs des compositions du *Barocci*. Souvent les principales figures font au fond du tableau, & le devant est vuide ; d'autres fois elles font dispersées au hafard & fans beaucoup de liaifon ; néanmoins cette maniere a des beautés, ne fût-ce que d'avoir l'air très-naturelle & fans artifice.

On ne peut cependant pas la donner pour exemple ; mais comme ces tableaux font beaux & très-estimés, on en peut inférer que quoique le génie dans la composition foit une partie de l'art très-estimable, néanmoins fi l'on ne fe trouve pas avoir cette facilité d'invention, on doit s'en confoler, parce que, de quelque façon que des figures ou des grouppes foient ordonnés dans un tableau, c'est l'exécution qui décide principalement fi c'est une belle chofe ou un ouvrage médiocre. Si des figures bien ou mal grouppées font bien deffinées & bien peintes, il en réfulte un beau morceau. Combien ne voyons-nous pas de beaux tableaux, dont la compofition eft peu ingénieufe & même froide?

Le Guide a fait quantité de tableaux où les figures font arrangées fymmétri-quement, qui n'en font pas moins admirables; il eft vrai qu'on ne peut pas pour cela les taxer de froideur, & que la foupleffe & les graces y donnent tout le feu dont elles font fufcepti-bles.

Je ne dirai qu'un mot des plafonds; c'eft dans l'Italie où l'on a le plus traité ce grand genre; il y en a quantité, & de très-beaux. J'oferai cependant avan-cer que dans ce nombre, il y en a très-peu qui, comme celui du Correge à Parme, foient vraiment compofés de plafond. La plupart feroient mieux leur effet perfpectif, s'ils étoient re-dreffés contre un mur, & feulement placés au-deffus de la vue : il eft vrai que fi l'on vouloit s'affujettir à la vraie perfpective de ces objets, fi fort vus

en deſſous , la compoſition des plafonds feroit ce qu'il y auroit de plus
difficile & de plus ingrat. Cependant
ſi l'on ne s'y affujettit pas , il n'y a plus
de vérité dans l'effet, & toutes les
figures penchent en avant. Auſſi crois-
je qu'il y a très-peu de ſujets qu'il
ſoit poſſible de bien traiter en plafonds, il faut ſur-tout qu'ils ſoient tels
qu'on y puiſſe employer beaucoup de
figures tranſverſalement.

Je viens maintenant à divers genres
d'études acceſſoires qu'il ne faut pas
négliger. La nature en Italie eſt ſi belle
& ſi pittoreſque, qu'il faut profiter du
ſéjour qu'on y fait pour y étudier di-
verſes choſes, le payſage & l'architecture entr'autres. Je ſais qu'il n'eſt
pas beſoin d'exciter les Eleves à deſſiner des vues, ils y ſont aſſez naturel-
lement portés. Mais je crois qu'il ne
faut pas ſe borner à les deſſiner au
crayon, & qu'il feroit avantageux de
porter toujours avec ſoi quelques paſ-

C vj

tels pour en rendre l'effet de couleur.

C'est une des choses les plus essentielles que l'effet de la lumiere & de la couleur, & c'est ce dont un Peintre a toujours le plus de besoin. Il faut remarquer l'effet que font les objets à plusieurs momens du jour, & surtout du soir & du matin; car ce font ordinairement ces heures que le Peintre d'histoire est supposé représenter, & l'on ne hasarde guère l'heure de midi, où l'éclat de la lumiere est trop vif & les ombres trop courtes & trop tranchées. Il faut observer les tons de couleur que prennent les lumieres dans ces différens momens, l'effet qu'y produisent les ombres, & où elles font les plus fortes. J'aimerois mieux que votre étude de paysage ne fût qu'un croquis informe, quant aux détails, mais qu'elle eût son effet vrai de lumiere & d'ombres.

Je voudrois aussi qu'on y apportât cette attention (ce qui se peut après

avoir vu souvent la nature avec réflexion) d'observer les causes qui produisent ces effets de couleur & ce qu'ils.
ont de réel. Par exemple, lorsque la
lumiere est dorée, les ombres semblent avoir quelque chose de bleuâtre ;
cependant si on les observe en elles-
mêmes, on voit que ce n'est pas qu'elles le soient en effet, mais que c'est
l'opposition du ton doré de la lumiere
au gris de l'ombre.

C'est par ces soins que M. *Vernet*
s'est rendu la nature si familiere. Il a
toujours peint d'après elle , malgré
la difficulté qui se rencontre à porter avec soi ce qui est nécessaire, &.
à se placer de maniere à pouvoir
travailler tranquillement ; il a eu
le courage de surmonter ces obsta-
cles, & lorsqu'il n'avoit pas le tems
de faire un morceau coloré, il écrivoit.
sur son dessein les tons de couleurs, &.
le plus ou le moins de chacune des.
couleurs qu'il auroit employé pour les

imiter. Par ce moyen, en revoyant son deſſein, il ſe ſouvenoit de l'effet qu'il auroit donné au tableau.

Ces ſoins ne paroîtront peut-être pas auſſi néceſſaire à quelqu'un qui ſe deſtine à peindre l'hiſtoire. N'eſt-ce point parce qu'un peu d'amour propre aveugle ſouvent les Peintres d'hiſtoire, & leur fait penſer que les études qu'ils ont faites des grandes parties de l'art, les diſpenſent d'étudier celles qui leur paroiſſent inférieures? Ne ſeroient-ils pas quelquefois dans l'erreur de croire qu'un certain ſavoir du nud (peut-être dans un degré médiocre) & une maniere de faire un peu large, ſuffiſent pour caractériſer le Peintre d'hiſtoire? Delà pourroit venir l'indulgence qu'ils ſemblent vouloir apporter à la médio-crité dans ce grand genre, & à l'igno-rance de rendre les acceſſoires. Mais auſſi combien de prétendus Peintres d'hiſtoire qui avoient quelque répu-tation dans le ſiecle dernier & dans le nôtre, font reftés dans le plus parfait oubli, tandis qu'on achete à grand prix les tableaux *de le Sueur, de la Hire & de Lemoine*, Peintres qui avoïent pris foin de s'inftruire de toutes les parties de l'art.

J'obferverai encore qu'en étudiant le payfage, il faut apporter de la réflexion & du raifonnement par rapport à fes formes. Il faut remarquer dans chaque efpece d'arbres, comment les branches s'élevent; fi elles naiffent deux à deux ou fucceffivement; quelle eft la forme de fes maffes ou bouquets; enfin la maniere dont fe terminent fes extrêmités. Par exemple, le bouquet du chêne forme comme une forte d'étoile élargie; ceux de l'orme font alongés, & fes extrêmités s'échappent en baguettes ornées de petites feuilles; le cyprès produit des bouquets à peu près quarrés - longs en hauteur; le cedre fe termine comme des aigrettes, &c. Remarquez fur-tout les especes d'arbres pittoresques que l'on trouve rarement dans notre pays, tels que les pins & les cyprès; observez-en la couleur de diverses distances. De toutes ces choses, il en faut faire des notes avec des croquis pour s'en pouvoir ressouvenir dans tous les tems, & ne jamais se fier à sa mémoire; les idées s'effacent bien facilement, si rien ne les fixe.

Je voudrois aussi (autant cependant que cela se pourroit) qu'on conservât des croquis des différentes coëffures des paysannes d'Italie. Comme la nature n'a pas été altérée par l'art dans ce pays autant que dans le nôtre, il y en a d'assez naturelles pour pouvoir figurer dans un tableau d'histoire; & vous pourrez remarquer que ces belles coëffures, dont le Dominiquin s'est servi, & que nous copions avec tant de soin dans ses ouvrages, sont pour la plupart encore en usage dans quelques cantons de l'Italie.

Je vous recommanderai encore fortement de ne laisser passer sous vos
yeux aucun monument d'architecture
antique, tombeaux, corniches, frises,
chapiteaux, &c. soit dans les bas-reliefs, soit ailleurs, sans en prendre un
croquis. Il est essentiel à un Peintre
d'histoire de connoître le plus exactement qu'il est possible tous les usages
des Anciens ; faute de cette connois-
sance, on est souvent arrêté & em-
barrassé, & l'on a le dégoût de
sentir que l'on ne fait que des choses
imaginaires.

De cette étude, il résulte des détails qui portent un caractere d'instruction, dont les savans & les gens
de lettres font grand cas, & qui atti-
rent une estime particuliere à l'Artiste
qui s'est donné ces soins. Il ne seroit
pas surprenant qu'un homme ordi-
naire prît peu d'intérêt à des fragmens
qu'on voit épars, négligés, & en quelque
sorte méprisés ; mais un Peintre attentif

ne néglige rien : on pourroit s'excufer fur ce que l'on compte trouver tout cela dans des livres; & en effet plufieurs en vous voyant faire, vous diront : vous êtes bien bon de vous donner cette peine, tout cela eft gravé; mais l'inftruction qu'on a pris foi-même refte bien davantage. D'ailleurs, il arrive dans la fuite ou qu'on néglige d'acheter ces livres, ou que la maniere peu exacte & fans goût avec laquelle ces objets y font rendus en dégoûte.

De plus, l'architecture antique porte un caractere tout différent de celle dont les modernes font ufage. Les chapiteaux antiques font d'une forme différente, plus courts & plus évafés; leurs ornemens font nobles, fimples & variés : à la vérité, depuis quelques années nos Architectes cherchent à les imiter; mais ils y ajoutent prefque inévitablement quelque chofe du goût François, qui les éloigne du caractere antique. Or, c'eft un vrai mérite dans un tableau qui repréfente un fujet de l'hiftoire ancienne, que d'y trouver un certain ftyle antique qui nous foit étranger, & qui nous tranfporte en quelque maniere dans ces fiecles & dans ces pays.

Le Pouffin n'a point négligé cette étude, & l'on retrouve encore de lui quantité de feuilles volantes, où il avoit deffiné avec la plus grande exactitude tout ce qu'il avoit trouvé à cet égard dans les bas-reliefs & ailleurs. M. de Troy, qui a été doué d'un fort beau génie, a fait un très-noble ufage, pour les fonds de fes tableaux, des grandes vues d'architecture qu'il a trouvées en Italie. Il eft donc, finon nécelfaire, du moins très-utile, d'avoir par foi-même la connoiffance de toutes ces chofes.

Je ne vous dis pas de facrifier à ces diverfes études un tems qui vous eft nécelfaire pour vous perfectionner dans l'art de la peinture; je demeure d'accord, ainfi que tous les Artiftes, qu'il consiste principalement dans ceux de bien desliner & de bien peindre tout ce qu'on s'est proposé de représenter : ainsi, quoiqu'on ignorât une partie de ces choses, on pourroit n'en être pas moins un grand Peintre. Il pourroit même arriver qu'on commît quelque absurdité dans les suppositions qu'on feroit, & que néanmoins la réunion du dessein & du coloris, forçât à rendre la justice due à ces rares talens qui sont vraiment le fond de l'art. Mais n'est-on pas en droit de reprocher l'ignorance de ces détails accessoires, à ceux qui ont eu les secours nécessaires pour les connoître? On seroit d'autant moins excusable de se refuser à ces petits soins, qu'il suffit, pour acquérir l'instruction dont on a besoin à cet égard, de s'en être occupé & d'en avoir pris des croquis dans ses promenades. Le Peintre doit toujours avoir en vue son art, même dans ses parties de plaisir.

Il reſte maintenant à réflechir ſur quelques écueils qui ont été la perte d'un nombre d'Eleves, à qui l'étude de l'Italie n'a point profité autant qu'on avoit droit de l'attendre de leurs diſpoſitions. Le premier ſur lequel je m'étendrai peu, parce que je connois votre amour pour votre art & le plaiſir que vous attachez au travail, c'eſt cette pareſſe & cet amour du *benedetto far niente*, dont les Italiens font tant de cas, qu'il leur paroît la vraie félicité. Les chaleurs font grandes à Rome; il eſt certain que dans l'été on ne ſe ſent pas autant de courage pour travailler que dans les pays plus tempérés. L'excès de travail même pourroit altérer la ſanté. Mais on en abuſe, on ſe dit qu'on eſt *tutto shiroco*, qu'on n'eſt pas en train, qu'on ne fera rien qui vaille, & autres choſes ſemblables, qui favoriſent la négligence; loin d'écouter cette ſorte de découragement, il faut ſe mettre fortement dans l'eſprit qu'on ne doit paſſer aucun jour

fans avoir travaillé, *nulla dies fine linea.*
Il vaut mieux avoir mal fait que de
n'avoir rien fait. Cette malheureuſe
habitude d'attendre qu'on ſe ſente
bien diſpoſé au travail, s'enracine, &
devient une ſource d'ignorance & de
malheurs pour le reſte de la vie; il n'y
en a que trop d'exemples.

Un autre écueil plus dangereux, car il
vaudroit mieux n'avoir point fait de
chemin que d'avoir pris une fauſſe route, c'eſt cette admiration de jeunes gens
qu'on prend pour des choſes que peut-
être on mépriſera dans la ſuite, & qui,
le plus ſouvent, ne ſont que maniere.
Plus inſtruit, nous verrions que ces
manieres n'ont d'autre mérite que de
n'être pas la nôtre, & de nous étonner
par une forte de nouveauté. Peu avant
mon voyage de Rome, M. H***,
Penſionnaire, parce qu'il avoit une
maniere de deſſiner fort propre, excefſivement coulante & plus agréable que
ſavante, devint l'objet de l'imitation
de tous les Penſionnaires ; après lui

M. *le Lorrain* (celui qui est mort en Russie) eut cette même gloire. Il peignoit très-proprement, avoit grand soin de mettre les lumieres sur le bord des contours pour les bien nettoyer de dessus leurs fonds, n'oublioit pas un petit coup de blanc bien luisant sur les rondeurs : ajoutez à cela qu'il faisoit les cols de ses figures très-alongés, les cheveux volans, quoique jamais les cheveux ne volent qu'au vent le plus violent; de plus, les figures excessivement longues, ce que l'on appelloit élégance, & des contours d'un coulant général & sans articulation; ce que l'on nommoit faire la flamme. Voilà quels étoient les objets du nouveau culte que rendoient les Pensionnaires à quelques-uns de leurs camarades. Ils ne voyoient pas que c'étoit la charge en ridicule de l'antique, & de quelques-uns des défauts qu'on pourroit reprocher à certains grands Maîtres. Depuis quelques années un homme célebre, & en effet doué de talens diftingués, mais qu'il faut favoir bien appercevoir, a nui, fans s'en douter, à plufieurs Penfionnaires. Je parle du célebre M. *Mengs*. Je rends toute la juftice due à fes talens ; mais je n'en affirme pas moins fur quelques-uns de fes ouvrages que j'ai vus, que fon coloris paré & fa maniere exceffivement finie & exacte jufqu'à la fervilité, peuvent être, & ont été pernicieux à nos Eleves.

Vous ferez peut-être furpris de la franchife avec laquelle j'ofe m'expliquer fur ce qui concerne un homme qui jouit d'une fi haute réputation, & de qui, avec d'auffi foibles talens que les miens, je vous femblerai ne devoir parler que dans les termes les plus refpectueux. Je répondrai que je ne compte point manquer à ce que je lui dois, en avertiffant d'un danger qui n'eft que pour fes imitateurs, & qui eft compenfé par tant de mérite. Si j'ofe bien appercevoir des rifques même

même dans l'étude mal combinée du grand Raphaël, est-ce offenser M. *Mengs* que de le trouver dans le même cas? Malgré la célébrité si bien méritée de M. de Fontenelle, les gens de lettres de son tems ont cru devoir avertir qu'il regnoit quelqu'affectation dans son style qui pourroit nuire à ses imitateurs. Si donc je m'explique clairement sur des Artistes modernes, ce n'est point que je ne rende justice à leur mérite, c'est uniquement parce que leur maniere a des côtés défectueux & contagieux, & que l'intérêt des Eleves l'emporte sur tout autre. Admirez, mais n'imitez pas.

En effet, depuis plusieurs années, nous voyons des Eleves qui étoient pleins de chaleur en partant, revenir entiérement refroidis; dessinant d'une maniere petite, seche & maigre; au lieu d'un coloris intelligent, n'employer plus que des tons plutôt verds que verdâtres, bleux, violets, auro-

ré ; enfin, des tons manierés prétendus beaux, mais abfolument faux :
d'autres à qui l'on a perfuadé, & peut-
être M. *Mengs* lui-même, qu'il ne fal-
loit plus étudier que Raphaël, & qui
apparemment ont négligé de voir bien
d'autres beautés qui font dans les autres Maîtres; delà quelques-uns nous
expofent des tableaux qu'ils croient
des imitations de Raphaël, mais qui
tiennent plutôt du goût gothique qui
regnoit cent ans avant lui, ou tout au
plus de celui de ce Maître, lorfqu'il
étoit encore fous la férule de *Pietro*
Perugino.

Je regarderois ces Eleves comme
perdus fans reffource, fi l'expérience
ne m'avoit fait connoître qu'on n'ou-
blie jamais entiérement ce que l'on a
fu. Ainfi il y a tout lieu d'efpérer qu'en
déférant aux confeils des Artiftes éclairés qui les affectionnent, ils peuvent
revenir au moins au point où ils étoient
lorfqu'ils fe font égarés ; mais à la vérité

ce ne peut être qu'avec de grands éf-
forts. Ce malheur eſt d'autant plus
triſte, qu'il ne tombe que ſur ceux qui
ſont vertueux & laborieux, qui tra-
vaillent avec réflexion, mais qui ſe
trompant dans leurs raiſonnemens,
ſe donnent une peine inexprimable
pour oublier tout ce qu'ils ſavoient.
Comment ne les pas regretter?

Peut-être ces manieres à la glace,
peſantes & ſans eſprit, trouveroient-
elles des approbateurs en Allemagne
& en Angleterre, où l'on ne donne
un prix conſidérable des deſſeins qu'autant qu'ils ſont finis comme des ouvrages de Religieuſes, qu'à force de
travailler on n'y apperçoit plus le
grain du papier, & qu'ils ſont ſurchar-
gés d'une infinité de petites hachures
dans tous les ſens poſſibles. N'a-t-on
pas vu en Allemagne les deſſeins &
les paſtels de Liotard avoir du ſuccès?
Et ne voyons-nous pas en Angleterre
admirer des Deſſinateurs de cette

éſpece? Cette contagion a gagné preſque toute l'Europe ; parce qu'elle ve-
noit d'Italie, tant eſt porté à l'excès
le reſpect que les Nations les plus
éclairées conſervent à celle qui s'eſt
la premiere rendue célebre dans les
Arts. Ses erreurs même ſemblent ſa-
crées; on n'oſe les relever; c'eſt preſ-
qu'une impiété que de dire, même en
tremblant, que ces mêmes Italiens
dégénérés, ne doivent plus être l'exemple de l'Univers. Ne nous laiſſons cependant pas aveugler par cette ſuperſ-
tition ; oppoſons-nous à ce qu'elle a de
dangereux. Puiſſions-nous en défendre
la France, auſſi bien que des méthodes
factices de coloris que quelques-uns de
nos modernes tâchent de mettre en
vogue.

Qui ne voit que cette mauvaiſe
maniere de deſſiner a perdu l'école
Italienne? *Pompeio Battoni*, & pluſieurs autres, l'ont malheureuſement
adoptée. Je ne connois point de deſ-

feins dè M. *Mengs*, mais je foup-
çonne qu'ils en tiennent beaucoup; &
de quelques rares talens que ces Artiftes aient pu la décorer, elle eft toujours dangereufe.

En effet, outre qu'elle eft mefquine
& réfroidiffante, il eft évident qu'elle
ne peut que retarder beaucoup les pro-
grès des Eleves; elle ne leur donne que
très-lentement les moyens d'apprendre
à faire du beau; c'eft prefque tout ce
qu'ils peuvent en efpérer que d'arriver
à faire du fini. N'eft-il pas vifible qu'un
pauvre Italien qui aura paffé un mois
à deffiner l'Hercule avec ce beau petit
crayon, pendant tout ce tems ne l'a
deffiné qu'une fois; qu'il n'en a vu
durant cet intervalle, les contours &
les mufcles que fous un afpeƈt, & que
la plus grande partie de ce tems ne lui
a fervi qu'à apprendre à manier du
crayon proprement & fans hardieffe:
genre de mérite pitoyable! au lieu
qu'un François, dans le même inter-

valle, auroit deſſiné douze fois cette figure, & ſous douze aſpects différens. Quelles connoiſſances n'auroit-il pas acquiſes de plus!

Etoit-ce ainſi que deſſinoient les Carra- ches, les Guide, les Guerchin, Raphaël lui-même, & le Dominiquin, dont cependant quelques tableaux peuvent être regardés comme d'un fini un peu exceſſif, & au moins ſuperflu? N'ont- ils pas deſſiné largement & facilement? *Carlo Maratti*, qu'on a appellé le der- nier des Romains, & Solimeni, ont- ils deſſiné avec cette maniere meſ- quine & ſervile? Non ſans doute; auſſi ils ont peint d'une maniere large. Quoique Admirateurs du grand Ra- phaël, ils ne l'ont point imité dans cette maniere de peindre par hachu- res qu'on voit dans quelques-uns de ſes ouvrages. Examinez les tableaux des Maîtres dont on admire le pin- ceau moëlleux, agréable & facile, & ne prenez des autres que leur grand, leur correction, autant qu'il vous sera possible, & toujours en cherchant à les rapprocher de la nature.

Mettez-vous bien dans l'esprit qu'on ne vous envoie point en Italie pour étudier les Peintres modernes. Quelque mérite qu'on veuille leur accorder, ils sont toujours fort au-dessous des grands hommes qui les ont précédés; c'est cette grande & ancienne école d'Italie qu'il est question d'étudier solidement & avec réflexion.

Au reste, ayez une confiance honnête en vos propres lumieres, & ne les sacrifiez aux opinions de ceux qui vous entourent, que lorsque vous en verrez l'évidence; on ne tire aucun parti des conseils dont on ne sent pas la vérité par soi-même; souvent même ils nuisent pour avoir été entendus & saisis avec excès. Copiez ou étudiez tout ce qui vous paroîtra beau après un examen réflechi; que cet examen ne soit cependant pas si sévere qu'il vous faſſe rejetter les choſes faites avec goût qui n'auroient pas toute la correction deſirable. Le goût eſt une partie très-intéreſſante dans nos Arts, qui fait pardonner bien des libertés, & quelquefois les change en beautés. Obſervez non-ſeulement ce qui vous paroîtra beau, mais encore ce qu'il y a de défectueux, même chez les Maîtres les plus reſpectés ; ayez le courage de l'appercevoir, & apportez une extrême attention à éviter que leurs beautés ne vous entraînent juſqu'à aimer leurs défauts. Il pourroit arriver que vous n'atteindriez pas aux unes & que vous ne ſaiſiriez que trop aiſément les autres. Ce n'eſt pas ici l'objet d'un culte aveugle, c'eſt une affaire de raiſonnement & de goût. *Raphaël, Michel-Ange* & les autres, ſont de grands hommes ; mais ce ſont des hommes, ils ont pu errer, & nous n'aurions peut-être pas, comme eux, de quoi nous faire pardonner nos erreurs.

F I N.